ANNE-SOPHIE COPPIN

L'ART DES RECETTES

15 recettes pour enfants
illustrées par des œuvres d'art

palette...

LES ENTRÉES

LES PLATS

LES DESSERTS

LE GOÛTER

LES ENTRÉES

LES CROISSANTS AU JAMBON

Artiste : Paul Klee
Titre : *Strong Dream*
(trad. *Rêve puissant*)
Date : 1929
Dimensions :
43,1 × 55 cm

RECETTE

Temps de préparation : 15 minutes • Temps de cuisson : 20 minutes
Pour 4 personnes

INGRÉDIENTS

4 grands croissants • 4 tranches de jambon blanc • 100 g de gruyère râpé • 20 g de beurre
20 g de farine • 20 cl de lait • Du sel et du poivre
De la noix de muscade râpée ou en poudre

USTENSILES

1 couteau • 1 fouet
1 verre doseur • 1 casserole
1 four et 1 plaque de cuisson
1 feuille de papier cuisson

PRÉPARATION

Préchauffez le four à 180 °C (th. 6) et sortez la grille ou la plaque de cuisson.

ÉTAPE 1 : Coupez les croissants en deux dans le sens de la longueur et disposez-les sur la grille du four recouverte de papier cuisson.

ÉTAPE 2 : Réalisez une béchamel. Pour cela, faites fondre le beurre dans une casserole puis ajoutez en une seule fois la farine. Mélangez avec le fouet tout en incorporant petit à petit le lait. Attention ! Il faut toujours remuer jusqu'à ce que le mélange épaississe.

ÉTAPE 3 : Salez et poivrez. Ajoutez un peu de noix de muscade puis retirez la casserole du feu.

ÉTAPE 4: Tartinez généreusement les croissants avec une partie de la béchamel (il faut en réserver pour l'étape suivante).
Au centre, posez une tranche de jambon enroulée.

ÉTAPE 5: Ajoutez du gruyère râpé puis recouvrez complètement l'intérieur du croissant de béchamel.

ÉTAPE 6: Saupoudrez les croissants d'un peu de gruyère râpé.
Enfournez 20 mn.

L'INFO EN PLUS Le croissant n'est pas français ! C'est la reine Marie-Antoinette qui l'a rapporté à la cour du roi de France au XVIIIe siècle. La légende raconte qu'une nuit de 1683, les Turcs de l'Empire ottoman s'apprêtaient à attaquer Vienne en Autriche. Mais grâce à un boulanger qui donna l'alerte, la ville fut sauvée. Pour immortaliser cette victoire, les boulangers viennois réalisèrent une viennoiserie en forme de croissant qui rappelle celui du drapeau Ottoman !

LES ŒUFS MIMOSA

Artiste : Karl Fabergé
Titre : *The Bouquet of Lilies clock egg*
(trad. *L'œuf des muguets de la Madone*)
Date : 1899
Matériaux : métal, émail,
pierres semi-précieuses

RECETTE

Temps de préparation : 15 minutes • Temps de cuisson : 10 minutes
Pour 4 personnes

INGRÉDIENTS

6 œufs
2 cuillères à soupe de mayonnaise
Du sel • Du poivre • Du persil haché

USTENSILES

1 cuillère à soupe • 1 couteau
1 petite cuillère • 1 fourchette
1 bol • 1 casserole • 1 assiette

PRÉPARATION

ÉTAPE 1 : Cuisez les œufs dans l'eau bouillante. Pour qu'ils deviennent durs, comptez 10 minutes.

ÉTAPE 2 : Après la cuisson, refroidissez les œufs dans de l'eau fraîche et enlevez les coquilles.

ÉTAPE 3 : Coupez délicatement les œufs en deux dans le sens de la longueur.

ÉTAPE 4 : Avec une petite cuillère, enlevez les jaunes et disposez-les dans un bol. Conservez quelques miettes de jaune d'œuf à part.

ÉTAPE 5 : Écrasez les jaunes avec une fourchette puis mélangez avec la mayonnaise, une pincée de sel et de poivre selon votre goût.

ÉTAPE 6 : Garnissez généreusement les blancs de cette préparation à la petite cuillère.

ÉTAPE 7 : Disposez vos œufs mimosa dans l'assiette, recouvrez-les des miettes de jaune d'œuf et parsemez le tout de persil haché.

SOYONS CURIEUX Pierre-Karl Fabergé est un orfèvre et joaillier qui a travaillé pour la Cour impériale de Russie et a servi les empereurs Alexandre III et Nicolas II. Il est notamment célèbre pour la création d'œufs de Pâques en métaux précieux. Ornés de pierres précieuses, 52 œufs au total ont été réalisés. Certains comme ici possèdent un mécanisme d'horlogerie, d'autres s'ouvrent ou renferment un objet miniature luxueux.

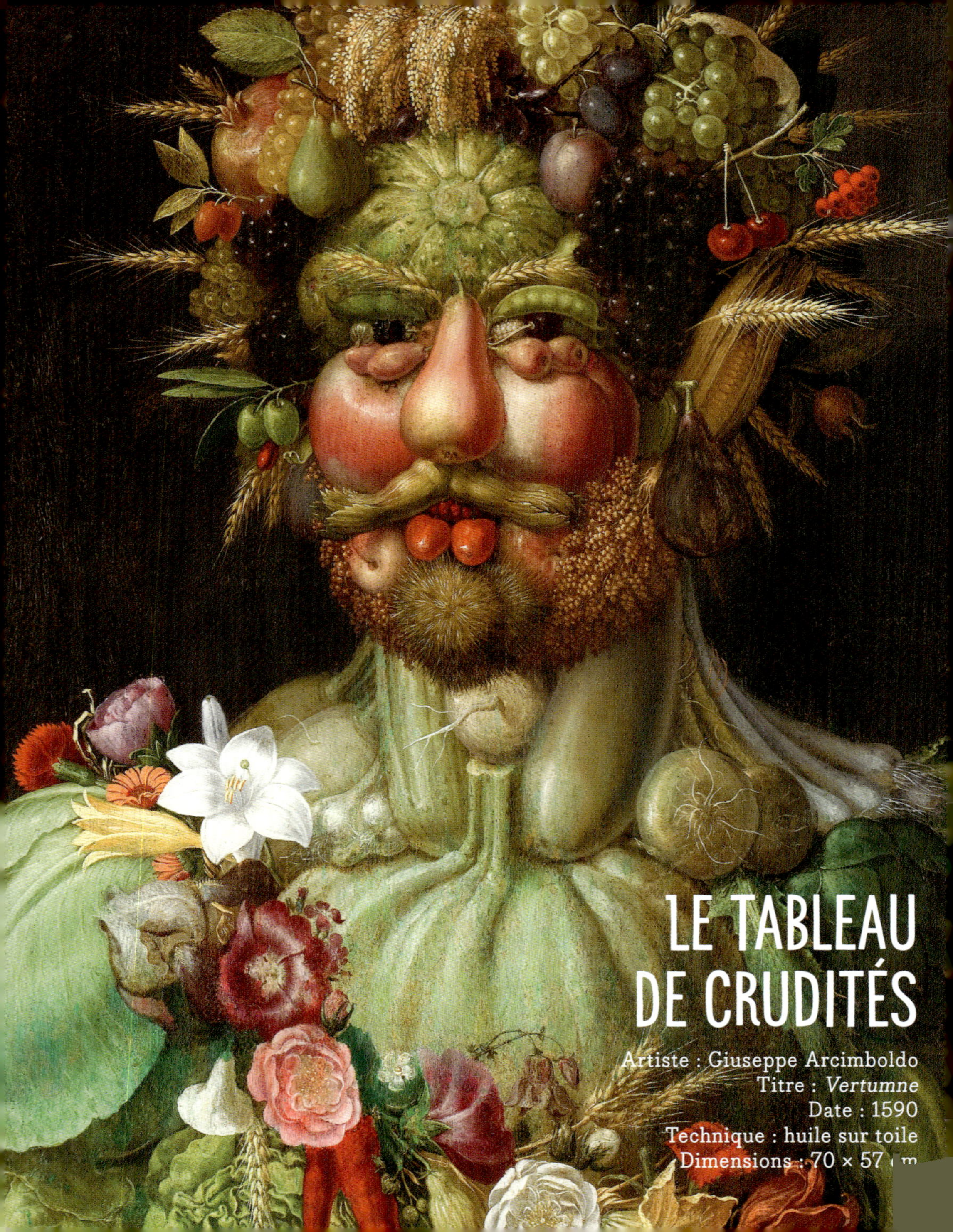

LE TABLEAU DE CRUDITÉS

Artiste : Giuseppe Arcimboldo
Titre : *Vertumne*
Date : 1590
Technique : huile sur toile
Dimensions : 70 × 57 cm

RECETTE

Temps de préparation : 30 minutes
Pour 4 personnes

INGRÉDIENTS

2 carottes • 1 céleri branche
1 botte de radis • 1 concombre
1/2 chou-fleur
Des tomates cerises

USTENSILES

1 assiette
1 plat
1 planche à découper
1 économe ou 1 petit couteau

PRÉPARATION

ÉTAPE 1 : Rincez les légumes à l'eau claire et épluchez-les.

ÉTAPE 2 : Coupez les carottes et le céleri branche pour en faire des bâtonnets et réservez-les dans un plat.

ÉTAPE 3 : Coupez le concombre en tranches.

ÉTAPE 4 : Coupez les radis en fines rondelles.

ÉTAPE 5 : Séparez les têtes du chou-fleur et disposez le tout dans le plat pour créer votre tableau de crudités.

SOYONS CURIEUX Le Food Art a été créé dans les années 1960 par l'artiste Daniel Spoerri qui eut l'idée d'utiliser de vrais aliments pour créer des œuvres d'art dans des assiettes et des plats ! Certains artistes de ce mouvement s'amusent à reproduire des tableaux célèbres avec toutes sortes d'aliments : des légumes, des fruits, des tranches de pain de mie, du riz, du fromage, des saucisses, des œufs durs.

À VOTRE TOUR Tel un ou une artiste de Food Art, composez votre tableau de crudités. Les tomates cerises peuvent se transformer en œil ou en nez et les rondelles de radis en joues rosées. Les têtes de chou-fleur forment de drôles de coiffures et les bâtonnets de carottes peuvent être utilisés pour créer des nez ou des bouches pointues. Mais vous pouvez aussi créer des maisons, des animaux ou des objets !

LA SOUPE À LA TOMATE

Artiste : Andy Warhol
Titre : *Campbell's Soup Cans*
(trad. *Canettes de soupe Campbell*)
Date : 1962
Technique : acrylique sur toile

RECETTE

Temps de préparation : 25 minutes
Pour 4 personnes

INGRÉDIENTS

1 kg de tomates mûres
1 l d'eau
2 gousses d'ail • 1 oignon
1 cuillère à soupe d'huile d'olive
2 cuillères à soupe de crème fraîche légère
Du sel et du poivre

USTENSILES

1 grande casserole
1 poêle
1 cuillère à soupe
1 mixeur
1 couteau
1 louche

PRÉPARATION

ÉTAPE 1 : Pelez et découpez les tomates. Mettez-les dans une casserole avec 1 litre d'eau. Portez à ébullition et laissez cuire 15 minutes.

ÉTAPE 2 : Pendant ce temps, pelez et émincez l'oignon et les 2 gousses d'ail.

Faites-les revenir dans une poêle avec de l'huile d'olive.

ÉTAPE 3 : Mettez le tout dans un mixeur puis reversez le mélange dans la casserole et ajoutez la crème. Remuez.

ÉTAPE 4 : Salez et poivrez, c'est prêt !

SOYONS CURIEUX Andy Warhol est un artiste du mouvement Pop Art qui s'inspire de la consommation de masse et des objets du quotidien. Son œuvre *Campbell's Soup Cans* est constituée de 32 toiles de 50,8 cm sur 40,6 cm chacune ! Regardez bien, elles sont toutes différentes et représentent chaque variété de soupe proposée par la marque Campbell en 1962. La première fois que l'œuvre a été présentée, les toiles étaient disposées sur des étagères comme dans un rayon de magasin.

L'INFO EN PLUS En Espagne, on boit du gaspacho. C'est une soupe à la tomate froide, idéale pour se rafraîchir les jours d'été. En plus des tomates, il y a des poivrons verts ou rouges, un concombre et parfois une tranche de pain de mie.

LES PLATS

LES COQUILLETTES AU JAMBON

Artiste : Sergei Pakhomov
Titre : *The Last Supper*
(trad. *La Cène*)
Date : XXIe siècle
Matériel : pâtes crues collées

RECETTE

Temps de préparation : 15 minutes
Pour 4 personnes

INGRÉDIENTS

400 g de coquillettes
Du jambon en dés ou en tranches
100 g de gruyère râpé • Du sel
Du beurre

USTENSILES

1 casserole
1 saladier
1 cuillère en bois

PRÉPARATION

ÉTAPE 1 : Portez à ébullition une grande quantité d'eau avec une pincée de sel dans une casserole.

ÉTAPE 2 : Quand l'eau bout, plongez-y les pâtes et laissez cuire environ 7 à 9 minutes, selon que vous aimez les pâtes *al dente* ou fondantes.

ÉTAPE 3 : Quand elles sont cuites, égouttez-les et versez-les dans un saladier.

ÉTAPE 4 : Mettez une noisette de beurre puis ajoutez des morceaux de jambon. Mélangez.

ÉTAPE 5 : Déposez du gruyère râpé dessus, poivrez si cela vous plaît et servez !

Tel Sergei Pakhomov, vous pouvez vous amuser à recréer en coquillettes des figures ou des objets.

SOYONS CURIEUX Cette œuvre est une copie en pâtes crues d'un tableau célèbre. Il s'agit de *La Cène* de Léonard de Vinci, réalisée entre 1495 et 1498. Elle représente le dernier repas de Jésus-Christ en compagnie des douze apôtres.

L'INFO EN PLUS L'Italie est le premier producteur de pâtes au monde, et aussi le pays qui consomme le plus de cet aliment. Mais ce n'est pas en Italie qu'a été inventée cette recette. On a retrouvé en Chine le plus vieux pot de nouilles (de millet), datant d'environ 4 000 ans. Toutefois, c'est en Mésopotamie que la plus ancienne recette de pâtes de blé a été retrouvée dans un traité de cuisine datant de 1 700 av. J.C.

LA QUICHE

Artiste : Maître Colin
Titre : *The Baker*
(trad. *Le Boulanger*)
Date : xve siècle
Technique : fresque

RECETTE

Temps de préparation : 15 minutes • 25 minutes dans un four à chaleur tournante, 40 minutes dans un four classique • Pour 6 personnes

INGRÉDIENTS

1 pâte brisée • 200 g de lardons fumés
1 petite boîte de champignons émincés (environ 200 g) ou des champignons frais émincés • 3 œufs
20 cl de crème fraîche
50-70 g de fromage râpé
1 oignon de petite taille
De la noix de muscade râpée ou en poudre

USTENSILES

1 couteau
1 fouet
1 verre doseur
2 bols
1 casserole
1 four et 1 plaque de cuisson
1 feuille de papier cuisson

PRÉPARATION

ÉTAPE 1 : Mettez les champignons à égoutter et émincez l'oignon.

ÉTAPE 2 : Faites revenir les lardons dans une poêle afin d'enlever le gras. Réservez les lardons réduits dans un bol et jetez le gras qui est resté dans la poêle.

ÉTAPE 3 : Faites revenir l'oignon dans la même poêle pendant environ 2 minutes.

ÉTAPE 4 : Ajoutez les champignons et faites revenir l'ensemble environ 2 minutes.

ÉTAPE 5 : Sortez la poêle du feu, ajoutez les lardons et mélangez le tout.

ÉTAPE 6 : Dans un grand bol, cassez les œufs et battez-les à l'aide d'un fouet.

ÉTAPE 7 : Ajoutez une pincée de noix de muscade et la crème fraîche, mélangez.

ÉTAPE 8 : Étalez la pâte dans un plat à tarte et répartissez le mélange de lardons, oignon et champignons sur la pâte.

ÉTAPE 9 : Versez ensuite le mélange œufs et crème fraîche.

ÉTAPE 10 : Parsemez de fromage râpé et enfournez 25 minutes à 180 °C (th. 6) dans un four à chaleur tournante ou 40 minutes dans un four classique.

L'INFO EN PLUS Le mot quiche vient de l'allemand *Kuchen* qui signifie « gâteau ». À l'origine, la quiche était préparée par les boulangers.

LE SANDWICH

Artiste : Roy Lichtenstein
Titre : *Sandwich and Soda*
(trad. *Sandwich et soda*)
Date : 1964
Technique : impression en sérigraphie
sur plastique transparent

RECETTE

Temps de préparation : 10 minutes • Pour 4 personnes

INGRÉDIENTS

2 tranches de pain • Du beurre
Du jambon • Du gruyère ou un autre fromage en tranches • Des feuilles de laitue
Des tranches de tomate • De la moutarde ou de la mayonnaise • 1 cornichon

USTENSILES

1 couteau
1 assiette

PRÉPARATION

ÉTAPE 1 : Tartinez légèrement une tranche de pain avec du beurre et l'autre avec de la mayonnaise ou un peu de moutarde.

ÉTAPE 2 : Déposez une feuille de laitue et une rondelle de tomate sur chaque tranche.

ÉTAPE 3 : Sur une tranche, mettez du fromage et sur l'autre du jambon.

ÉTAPE 4 : Si vous aimez ça, ajoutez un cornichon coupé en deux.

ÉTAPE 5 : Rassemblez les deux tranches.
Et voilà, le sandwich est prêt !

Le sandwich se décline avec toutes sortes d'ingrédients.
Laissez-vous guider par votre gourmandise pour créer le sandwich de vos rêves !

SOYONS CURIEUX Roy Lichtenstein est un artiste pop qui s'inspire des codes de la publicité des années 1960 aux États-Unis pour créer des œuvres qui représentent des hot-dogs, des sandwichs, des bouteilles de Coca-Cola, des dollars, etc. Il aime aussi détourner les codes de la bande dessinée.

L'INFO EN PLUS Le mot « sandwich » vient du comte de Sandwich, John Montagu, qui vécut entre 1718 et 1792 en Angleterre. Il avait pour habitude de mettre une tranche de viande ou de fromage entre deux tranches de pain pour manger plus rapidement son repas.

LES SUSHIS

Titre : *Women in Benkei - checkered Kimono Pine Trees at Ataka*
Date : 1844
Technique : estampe japonaise

RECETTE

Temps de préparation : 15 minutes • Temps de cuisson : 15 minutes
Pour 4 personnes

INGRÉDIENTS

1 pavé de saumon
1 pavé de thon
300 g de riz à sushi • Du vinaigre de riz
Du sucre en poudre • Du sel
De l'eau

USTENSILES

1 couteau • 1 cuillère à soupe
1 cuillère à café • 1 bol
1 saladier • 1 casserole • 1 plat
1 planche à découper • 1 passoire
1 assiette ou un plateau en bambou

PRÉPARATION

ÉTAPE 1 : Préparez le riz. Pour ce faire, rincez-le plusieurs fois à l'eau froide, puis laissez-le à tremper pendant une demi-heure. Enfin, égouttez-le dans une passoire.

ÉTAPE 2 : Faites cuire le riz dans une casserole avec de l'eau (une fois et demie le volume de riz), couvrez et laissez bouillir. Baissez ensuite le feu et laissez environ 15 minutes jusqu'à ce qu'il n'y ait plus d'eau dans la casserole.

ÉTAPE 3 : Retirez la casserole du feu et réservez. Vous pouvez mettre le riz dans un saladier, mais surtout pas au réfrigérateur.

ÉTAPE 4 : Pendant ce temps, mélangez dans un bol 4 cuillères à soupe de vinaigre de riz, 2 petites cuillères à soupe de sucre en poudre et 2 cuillères à café de sel. Faites chauffer rapidement au micro-ondes ou à feu doux dans la casserole.

ÉTAPE 5 : Mélangez la préparation au vinaigre avec le riz sans écraser les grains.

ÉTAPE 6 : Découpez finement des lamelles de thon et de saumon en suivant les fibres du poisson.

ÉTAPE 7 : Pour donner forme à vos sushis, humidifiez votre main, prenez une boule de riz et roulez-la au creux de votre main jusqu'à obtenir une forme allongée.

ÉTAPE 8 : Posez une lamelle de poisson cru dessus et le tour est joué !

L'INFO EN PLUS Les sushis sont accompagnés de riz vinaigré, alors que les sashimis sont uniquement des tranches de poisson cru. Ils ont été inventés par un cuisinier de la cour impériale japonaise au XVe siècle. C'est un véritable art culinaire qui fut dans un premier temps réservé aux élites avant de devenir un plat populaire. « Sashimi » peut se traduire par « corps taillé », ce qui montre l'importance de maîtriser la découpe du poisson.

LES DESSERTS

LA SALADE DE FRUITS

Artiste : Paul Cézanne
Titre : *Nature morte aux pommes*
Date : vers 1890
Technique : huile sur toile
Dimensions : 35,2 × 46,2 cm

RECETTE

Temps de préparation : 15 minutes
Pour 4 personnes

INGRÉDIENTS

3 bananes • 1 barquette de fraises (env. 250 g)
2 oranges • 3 pommes • 4 kiwis • 2 poires
Quelques feuilles de menthe
Et selon la saison : 2 pêches, 1 mangue,
1 barquette de myrtilles ou quelques raisins !

USTENSILES

1 couteau
1 planche à découper
1 saladier
1 cuillère à soupe

PRÉPARATION

ÉTAPE 1 : Lavez soigneusement tous les fruits.

ÉTAPE 2 : Épluchez les 2 oranges et coupez chaque quartier en deux ou trois morceaux. Mettez le tout dans un saladier.

ÉTAPE 3 : Puis épluchez et coupez les pommes, les kiwis et les poires.

ÉTAPE 4 : Faites de même avec les bananes et les fraises.

ÉTAPE 5 : Ajoutez les fruits que vous souhaitez.

ÉTAPE 6 : Lavez et hachez quelques feuilles de menthe et ajoutez-les à la salade de fruits.

N'oubliez pas de bien mélanger avant de servir pour plus de couleurs !

L'INFO EN PLUS Les pommes sont un des motifs préférés de Cézanne. La légende raconte qu'enfant il s'était lié d'amitié avec Émile Zola et que ce dernier lui offrait des pommes pour le remercier de prendre sa défense dans la cour de récréation ! Plus tard, le peintre reprit ce motif dans le but de reproduire la texture des pommes en juxtaposant des couleurs.

ASTUCE Lorsque vous recevez des convives, nous vous conseillons de présenter la salade de fruits dans un bol individuel. Pour soigner la présentation, ajoutez au centre du bol une fraise coupée en quatre et deux feuilles de menthe.

LA SOUPE D'ORANGES

Artiste : William Joseph McCloskey
Titre : *Wrapped oranges on a tabletop*
(trad. *Oranges enveloppées sur une table*)
Date : 1897
Technique : huile sur toile
Dimensions : 28 × 61 cm

RECETTE

Temps de préparation : 15 minutes • Temps de repos : 1 heure
Pour 4 personnes

INGRÉDIENTS

5 grosses oranges
1 cuillère à soupe de fleur d'oranger
1 cuillère à café de cannelle en poudre
1 cuillère à café de sucre glace
1 cuillère à café de miel liquide
Des feuilles de menthe ou quelques raisins !

USTENSILES

1 couteau
1 planche à découper
1 saladier
1 cuillère à soupe
1 presse-agrumes (facultatif)

PRÉPARATION

ÉTAPE 1 : Épluchez 4 oranges et coupez-les en fines rondelles en prenant soin d'enlever toutes les petites membranes blanches. Mettez les oranges dans un saladier.

ÉTAPE 2 : Utilisez le presse-agrumes pour extraire le jus de la dernière orange. Si vous n'en avez pas, coupez l'orange en quatre et pressez très fort avec la main pour en faire sortir le jus. Arrosez les rondelles déjà disposées dans le saladier.

ÉTAPE 3 : Ajoutez une cuillère à soupe de fleur d'oranger, une cuillère à café de miel liquide et une cuillère à café de cannelle.

ÉTAPE 4 : Laissez reposer au réfrigérateur durant 1 heure.

ÉTAPE 5 : Servez dans des bols individuels. Saupoudrez de sucre glace, d'un peu de cannelle et disposez deux feuilles de menthe préalablement lavées.

SOYONS CURIEUX William Joseph McCloskey (1859- 1941) est un peintre américain célèbre pour ses tableaux d'agrumes si réalistes que l'on dirait des photographies. Sur toutes ses toiles, une partie des fruits est enveloppée dans du papier de soie. Les fruits sont systématiquement représentés sur une surface en bois polie dans laquelle ils se reflètent, nous faisant croire qu'ils sont réels !

À VOTRE TOUR Avec un morceau de papier sulfurisé (env. 20 × 30 cm), enveloppez l'orange. En tournant, un petit nœud va se créer comme sur les oranges dessinées par McCloskey. Personnalisez ensuite cette enveloppe en utilisant des feutres de toutes les couleurs.

LA TARTE AUX POMMES

Artiste : René Magritte
Titre : *La Chambre d'écoute*
Date : 1958
Technique : huile sur toile
Dimensions : 37,5 × 45,7 cm

RECETTE

Temps de préparation : 1 heure • Temps de cuisson : 25 minutes
Pour 4 personnes

INGRÉDIENTS

5 pommes • 1 pâte feuilletée
1 œuf • Du lait
30 g de beurre demi-sel
2 sachets de sucre vanillé

USTENSILES

1 couteau • 1 fourchette
1 plat à tarte • 1 planche à découper
1 bol • 1 tasse
1 cuillère à soupe

PRÉPARATION

Avant de commencer la recette, préchauffez le four à 180 °C (th. 6) et sortez la grille ou la plaque de cuisson.

ÉTAPE 1 : Déroulez la pâte feuilletée dans un plat à tarte et piquez-la avec une fourchette.

ÉTAPE 2 : Épluchez les pommes et enlevez le trognon, découpez-les en fines rondelles ou en lamelles.

ÉTAPE 3 : Saupoudrez la pâte de sucre vanillé puis disposez les lamelles de pommes en rosace sur la pâte.

ÉTAPE 4 : Posez sur les pommes 5 petites noix de beurre demi-sel, une au centre et une sur chaque quart de la tarte.

ÉTAPE 5 : Repliez les bords de la pâte feuilletée sur les pommes.

ÉTAPE 6 : Dans un bol, mélangez un jaune d'œuf avec une petite tasse de lait. Badigeonnez les bords de la tarte avec ce liquide.

ÉTAPE 7 : Saupoudrez la tarte de sucre vanillé.

ÉTAPE 8 : Enfournez 25 minutes et tenez-vous prêt(e) à déguster !

SOYONS CURIEUX René Magritte est un peintre surréaliste, il ne peint pas la réalité mais un étrange univers onirique dans lequel il faut abandonner le sens de la logique et des proportions. Il aime également placer des objets du quotidien dans un contexte inhabituel, dans des lieux où l'on ne s'attend pas à les trouver ! C'est le cas ici avec cette pomme de la taille d'une chambre.

LE GOÛTER

LE CHOCOLAT CHAUD

: Gobelet pour cacao
vers 600 de notre ère,
e maya
Guatemala
ique : céramique peinte

RECETTE

Temps de préparation : 15 minutes • Temps de cuisson : 5 minutes
Pour 4 personnes

INGRÉDIENTS

80 cl de lait
1 tablette de chocolat pâtissier noir
1 cuillère à soupe de sucre vanillé
Pour les gourmands : 1 grande cuillère de crème fraîche épaisse.

USTENSILES

1 casserole • 1 bol
1 saladier
1 verre doseur
1 cuillère en bois
1 fouet

PRÉPARATION

ÉTAPE 1 : Versez le lait dans une casserole et chauffez-le à feu doux.

ÉTAPE 2 : En attendant que le lait tiédisse, cassez la tablette de chocolat en morceaux dans le saladier.

ÉTAPE 3 : Versez doucement le lait tiède sur les carrés de chocolat pour qu'ils fondent et remuez avec une cuillère en bois.

ÉTAPE 4 : Mettez le mélange dans la casserole à feu doux et remuez toujours dans le même sens.

ÉTAPE 5 : Si vous êtes très gourmand(e), c'est le moment d'ajouter la crème fraîche en remuant avec un fouet pour éviter les grumeaux et obtenir une mousse onctueuse.

ÉTAPE 6 : Ajoutez le sucre vanillé selon votre goût.

Dégustez !

L'INFO EN PLUS Le cacao est issu de la préparation des fèves de cacao qui sont enfermées dans une cabosse, le fruit du cacaoyer. Le chocolat est un mélange de poudre de cacao, de beurre de cacao et de sucre. À cette préparation initiale, on ajoute du lait ou d'autres saveurs. Plus il y a de poudre de cacao, plus le chocolat est fort.

SOYONS CURIEUX On trouve la plus ancienne trace de chocolat chez le peuple maya. Les archéologues ont retrouvé sur le site de Copán, en Amérique centrale (au Honduras), un fond séché de préparation de chocolat datant de plus de 1 500 ans.

LES CRÊPES

Artiste : Alfred de Richemont
Titre : *Les Crêpes*
Date : XIXe siècle
Technique : huile sur toile

RECETTE

Temps de préparation : 15 minutes • Temps de repos : 20 minutes
Temps de cuisson : 1 minute par crêpe • Quantité : 15 crêpes

INGRÉDIENTS

250 g de farine • 3 œufs • ½ litre de lait
2 cuillères à soupe d'huile • 1 cuillère à soupe de sucre blanc • 1 cuillère à soupe de sucre roux ou de sucre vanillé • 1 pincée de sel

USTENSILES

1 saladier • 2 cuillères à soupe
1 bol • 1 saladier
1 fouet ou 1 batteur
1 verre doseur • 1 poêle

PRÉPARATION

ÉTAPE 1 : Disposez la farine dans un saladier.
Jetez une pincée de sel et faites un puits au milieu.

ÉTAPE 2 : Versez progressivement le lait et mélangez jusqu'à obtenir une pâte lisse.

ÉTAPE 3 : Dans le bol, battez les œufs en omelette puis incorporez-les à la préparation.

ÉTAPE 4 : Déposez les 2 cuillères à soupe de sucre et versez les 2 cuillères à soupe d'huile.

ÉTAPE 5 : Mélangez la préparation jusqu'à ce qu'elle soit bien fluide et sans grumeaux.

ÉTAPE 6 : Laissez reposer la pâte 20 minutes au réfrigérateur.

ÉTAPE 7 : Faites chauffer une poêle et huilez-la très légèrement à l'aide d'un papier essuie-tout.

Versez une louche de pâte à crêpes et faites un léger mouvement du poignet pour bien répartir la préparation. Laissez cuire à feu doux et retournez !
C'est prêt !

Une légende dit que, pour s'assurer la richesse, il est d'usage de faire sauter la première crêpe d'une main en tenant une pièce d'or dans l'autre…

SOYONS CURIEUX La Chandeleur est une fête médiévale qui trouve ses origines dans l'Antiquité romaine. *La festa candelarum*, la fête des chandelles, célèbre la sortie de l'hiver, le retour vers la lumière, et l'arrivée du printemps. Par la suite, elle est devenue une fête chrétienne, célébrée le 2 février. On y mange des crêpes qui représentent les disques de soleil ainsi que les galettes distribuées aux pèlerins à Rome.

LE MILK-SHAKE CRÉOLE

Artiste : Autodidacte inconnu
Titre : *Scène de marché*
Date : XXIe siècle
Lieu : Antigua (Caraïbes)

RECETTE

Temps de préparation : 15 minutes • Nombre de verres : 2

INGRÉDIENTS

1 mangue mûre • 1 tube de lait concentré sucré
1 boîte de lait concentré non sucré
1 noix de muscade • De la cannelle en poudre
Des glaçons ou de la glace pilée

USTENSILES

1 mixeur
1 cuillère à soupe
1 couteau • 1 verre
1 bol • 1 balance de cuisine

AN NOU AY !

(« Allons-y ! » en créole)

PRÉPARATION

ÉTAPE 1 : Coupez la mangue dans le sens de la longueur et enlevez le gros noyau. Épluchez-la et coupez-la en petits morceaux.

ÉTAPE 2 : Dans un bol, saupoudrez les morceaux de mangue d'une pincée de cannelle et râpez un peu de noix de muscade sur le mélange. Versez le tout dans un mixeur.

ÉTAPE 3 : Dans le mixeur, ajoutez 60 g de glaçons, 125 ml de lait concentré non sucré et 4 cuillères à soupe de lait concentré sucré.

ÉTAPE 4 : À présent, mixez ! N'oubliez pas de bien fermer le couvercle du mixeur ou de le tenir pour que la cuisine ne se transforme pas en tableau d'art contemporain !

SOYONS CURIEUX La nature luxuriante des Caraïbes inspire une peinture dite naïve aux couleurs vives et chatoyantes, et composée de nombreux détails. Ce type de peinture reflète les croyances locales ou le quotidien des habitants, comme ici !

L'ATELIER DES ARTISTES Tel un peintre naïf, mettez de la couleur dans votre verre ! Une fois le milk-shake terminé, ajoutez des éléments de décoration : petits parapluies, chamallows colorés ou morceaux de fruits exotiques…

LE PAIN PERDU

Artiste : Vermeer
Titre : *La Laitière*
Date : 1660
Technique : Peinture à l'huile
Dimensions : 45,5 × 41 cm

RECETTE

Temps de préparation : 30 minutes • Pour 4 personnes

INGRÉDIENTS

4 tranches de pain rassis • 2 œufs
1 cuillère à café de sucre vanillé
15 cl de lait • Du beurre

USTENSILES

1 grand bol • 1 assiette
1 cuillère
1 poêle

PRÉPARATION

ÉTAPE 1 : Mélangez le lait, les deux œufs entiers et le sucre dans le bol.

ÉTAPE 2 : Trempez les tranches de pain, en les imprégnant bien des deux côtés et posez-les dans une assiette.

ÉTAPE 3 : Faites fondre une noisette de beurre dans la poêle.

ÉTAPE 4 : Déposez les tranches de pain imbibées puis retournez-les quand elles sont dorées.

ÉTAPE 5 : Disposez le pain perdu sur une assiette et régalez-vous !

Pour l'agrémenter, vous pouvez ajouter dans votre assiette une boule de glace, de la crème anglaise, de la chantilly, du caramel ou des fruits rouges.

SOYONS CURIEUX Dès le XVIe siècle, en Hollande, il est à la mode de représenter des scènes de cuisine, les « Kitchen Pieces ». Ce sont des portraits de femmes en train de préparer des plats. *La Laitière* de Vermeer est directement inspirée de ce mouvement artistique, d'ailleurs, la description initiale de l'œuvre n'indique pas une laitière mais une servante versant du lait.

L'INFO EN PLUS Le pain perdu est mentionné pour la première fois dans un traité de cuisine appelé *De re coquinaria* (ou « De la chose culinaire » en français). Cet ouvrage a été rédigé sous la direction d'un cuisinier et gastronome romain du 1er siècle, nommé Marcus Gavius Apicius. Ce plat de pauvre qui permettait de ne pas gâcher le pain sec est devenu au fur et à mesure des siècles un met de gourmets. Henri IV en raffolait, et aujourd'hui, les plus grands chefs cuisiniers du monde le prépare !

Mes recettes préférées

Mes partenaires de cuisine

Ce que je pourrais améliorer la prochaine fois

Ce que j'ai envie de tester

Cerise sur le gâteau

Mes recettes préférées

Mes partenaires de cuisine

Ce que je pourrais améliorer la prochaine fois

Ce que j'ai envie de tester

Cerise sur le gâteau

ŒUVRES PRÉSENTÉES

Pages d'ouverture © istock / mecaleha

p.6 : Paul Klee, *Strong Dream* (trad. *Rêve puissant*), 1929, gouache et aquarelle sur papier, 21 × 26 cm, collection privée.

p.8 : Karl Fabergé, *The Bouquet of Lilies Clock egg* (trad. *L'œuf des muguets de la Madone*), 1899, or, diamants, onyx, argent et Platinium, 27 cm de hauteur, Musée du Kremlin de Moscou, Russie.

p.10 : Giuseppe Arcimboldo, *Vertumne*, 1590, huile sur bois, 70 × 58 cm, Château de Skokloster, Suède.

p.12 : Andy Warhol, *Campbell's Soup Cans*, 1962, acrylique sur toile, 51 × 41 cm, Museum of Modern Art, Etats-Unis.

p.16 : Sergei Pakhomov, *The Last Supper* (trad. *La Cène*), XXIe siècle, sculpture de pâtes.

p.18 : Maître Colin, *The Baker* (trad. *Le Boulanger*), XVe siècle, fresque, Château d'Issogne, Vallée d'Aoste, Italie.

p.20 : Roy Lichtenstein, *Sandwich and Soda*, 1964, sérigraphie sur plastique transparent, 31,5 × 37,5 cm, Galerie d'art Albright-Knox, Buffalo, USA.

p.22 : Utagawa Kuniyoshi, *Women in Benkei* de la série « *Shima-zoroi onna Benkei* », 1844, estampe japonaise, 36,2 × 25,5 cm, Tokyo Metropolitan Central Library, Japon.

p.26 : Paul Cézanne, *Nature morte aux pommes*, vers 1890, huile sur toile, 35,2 × 46,2 cm, musée de l'Ermitage de Saint-Pétersbourg, Russie.

p.28 : William Joseph McCloskey, *Wrapped oranges on a tabletop* (trad. « *Oranges enveloppées sur une table* »), 1897, huile sur toile, 28 × 61 cm, Smithsonian American Art Museum, Washington, USA.

p.30 : René Magritte, *La Chambre d'écoute*, 1958, huile sur toile, 37,5 × 45,7 cm, Menil Collection, Houston, USA.

p.34 : Gobelet pour cacao, vers 600 après J.C., peinture sur céramique, Guatemala.

p.36 : Alfred de Richemont, *Les Crêpes*, XIXe siècle, huile sur toile, 1,85 × 12,8 m, Palais des Beaux-Arts de Lille, France.

p.38 : Autodidacte inconnu, *Scène de marché*, XXIe siècle, Antigua (Caraïbes).

p.40 : Johannes Vermeer, *La Laitière*, 1660, huile sur toile, 45,5 × 41 cm, Rijksmuseum.

CRÉDITS

Les œuvres présentées appartiennent au domaine public, à l'exception des œuvres suivantes :

p.8 : Karl Fabergé, *The Bouquet of Lilies Clock egg* (trad. *L'œuf des muguets de la Madone*), 1899.
Photo © Bridgeman Images

p.12 : Andy Warhol, *Campbell's Soup Cans*, 1962 © The Andy Warhol Foundation for the Visual Arts, Inc. / Licensed by ADAGP, Paris [2022].
Photo © Rana Royalty free / Alamy Stock Photo

p.16 : Sergei Pakhomov, *The Last Supper* (trad. *La Cène*), XXIe siècle.
Photo © sergheipakhomoff / CATERS NEWS - (PICTURED *The Last Supper*)
These incredible pieces of artwork have all been created using PASTA.

p.18 : Maître Colin, *The Baker* (trad. *Le Boulanger*), XVe siècle.
Photo © Bridgeman Images

p.20 : Roy Lichtenstein, *Sandwich and Soda*, 1964 © Estate of Roy Lichtenstein/DACS 2020.
Photo © Christie's Images / Bridgeman Images

p.30 : René Magritte, *La Chambre d'écoute*, 1958 © Adagp, Paris, [2022]
Photo © Christie's Images / Bridgeman Images

p.34 : Gobelet pour cacao, vers 600 après J.C., peinture sur céramique, Guatemala.
Photo © agefotostock /Alamy Stock Photo

p.38 : Autodidacte inconnu, *Scène de marché*, XXIe siècle.
Photo © NORMA JOSEPH / Alamy Stock Photo

ISBN : 9782358323390

Éditions Palette, 15 boulevard Bourdon, 75 004 Paris

Imprimé en Pologne par Dimograf

Dépôt légal : juin 2022

Loi N° 49-956 du 16 juillet 1949 sur les publications destinées à la jeunesse.